Propiedades

por Ann J. Jacobs

DISTRICT 21
BILINGUAL / ESL
PROGRAM

¿Qué es la materia?

Todo lo que te rodea está hecho de materia.
La materia es todo lo que ocupa espacio
y tiene masa.

La **masa** es la cantidad de materia de
un objeto.
Todo tipo de materia tiene masa.
Todo lo que ves está hecho de materia.

La materia está hecha de partes muy pequeñas.

Con una lupa puedes ver de cerca las cosas pequeñas.

Algunas cosas que no se ven están hechas de materia.

El aire que te rodea tiene materia.

Propiedades de la materia

Cada tipo de materia tiene propiedades diferentes.

Una **propiedad** es algo que puedes observar con los sentidos.

El color es una propiedad de la materia. La forma es una propiedad de la materia. El tamaño también es una propiedad de la materia.

¿De qué colores son los limpiapipas? ¿Son grandes o pequeños?

El peso de algo, o su masa, es una propiedad de la materia.
La manera en que algo se siente al tocarlo es una propiedad de la materia.

¿Crees que esta esponja es muy pesada?

**¿Cómo es el pincel, duro o blando?
¿Cómo es el vaso, liso o áspero?**

¿Cuáles son los estados de la materia?

La materia tiene tres estados.
Los tres **estados de la materia** son sólido, líquido y gaseoso.

gas

sólido

líquido

Un **sólido** es materia que tiene forma
y tamaño propios.
Los sólidos ocupan espacio y tienen masa.

**Con una regla puedes
medir el largo, el ancho
y la altura de los
sólidos.**

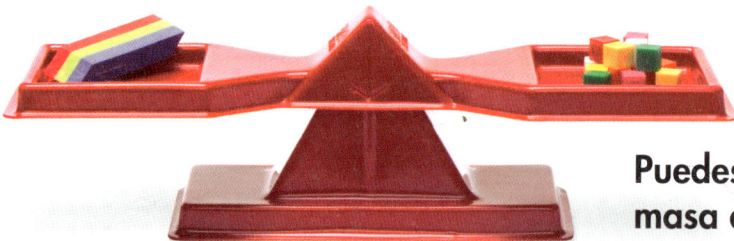

**Puedes medir la
masa de un sólido
con una balanza.**

Los creyones son sólidos.
Cada uno es de un color
diferente.

Los cuadernos son sólidos.
Los cuadernos tienen
forma.

9

Líquidos

Un **líquido** es un tipo de materia que no tiene forma propia.
Los líquidos toman la forma de sus recipientes.
Los líquidos ocupan espacio y tienen masa.

El agua es un líquido.

Pon agua en un frasco.

El agua tomará la forma de ese frasco.

Una manera de medir líquidos es con una taza de medir. La cantidad de espacio que ocupa un líquido se llama *volumen*.

Gases

Un gas es otro tipo de materia que no tiene forma propia.

El **gas** toma la forma y el tamaño del objeto que lo contiene.

El gas siempre llena todo el espacio del recipiente.

Estos globos están llenos de gas. El gas toma la forma y el tamaño de los globos.

El gas puede cambiar de tamaño y de forma.

El gas tiene masa.

Todos respiramos aire.

El aire está formado de gases.

Esta burbuja está llena de gas. El gas toma la forma y el tamaño de la burbuja.

¿Cómo se puede cambiar la materia?

Cada tipo de materia cambia de diferente manera.

Puedes cambiar el tamaño de la materia.

Puedes cambiar la forma de la materia.

Dobla el papel para darle una nueva forma.

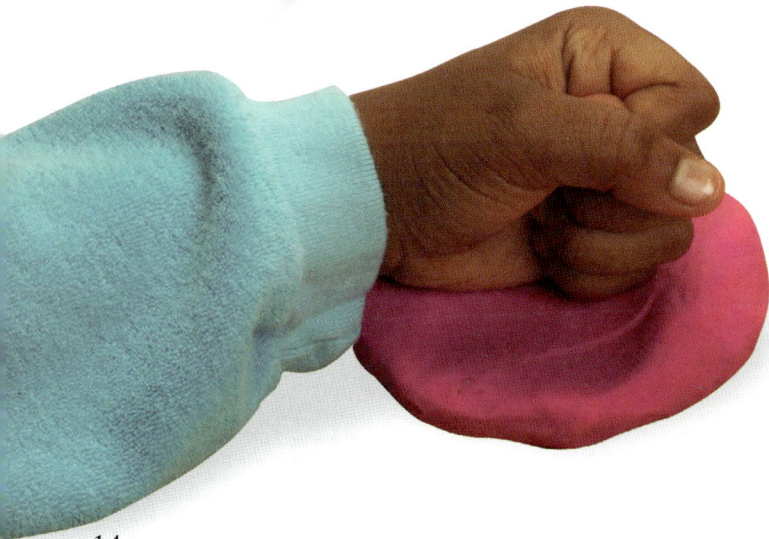

Aplasta la plastilina para darle una nueva forma.

Rasga una hoja
de papel para
cambiar su
tamaño.

Dobla un limpiapipas
para cambiar su
forma.

Mezclar y separar la materia

Puedes juntar diferentes tipos de materia.

Entonces harías una mezcla.

Una **mezcla** es algo formado por dos

o más cosas.

Esas cosas no cambian cuando se mezclan.

Esto es una mezcla de varias frutas.

Puedes ver cada fruta.

Las partes de una mezcla se pueden separar.

Cada parte seguirá siendo igual.

Mezclas con agua

Algunas mezclas se hacen con agua.
Esta mezcla es de arena y agua.

**Mira esta mezcla.
Es fácil ver la arena
y el agua.**

Esta mezcla es de sal y agua.
Hay diferentes maneras de separar
una mezcla.
La materia se puede hundir.
El agua se puede evaporar.

Mira esta mezcla. ¿Qué pasó después de que se evaporó el agua?

¿Cómo cambia la materia con el frío y el calor?

El agua es materia.

El agua puede cambiar.

El agua se congela si hace mucho frío.

El agua líquida se puede congelar. Se hace hielo.

El agua se convertirá en hielo.
El hielo es agua sólida.

Cuando la temperatura
del aire es muy fría, la
lluvia se congela.
El agua de estas hojas
ha cambiado de líquido
a sólido.

El vapor de agua del aire
toca el cristal frío. El vapor
cambia de gas a líquido.
Se forman pequeñas gotas
de agua en el vaso.

Calentar la materia

El calor cambia el estado de la materia.
El calor puede convertir los sólidos en líquidos.
El calor puede convertir los líquidos en gases.

Cuando el aire se calienta, la nieve y el hielo se derriten.
El agua sólida cambia a agua líquida.

El calor de la luz del Sol hace que el agua se evapore.

El calor puede hacer cambiar otros tipos
de materia de sólido a líquido.
Cuando enciendes una vela, la cera
se derrite.

Mira a tu alrededor.
Todo es materia.
¿Qué cosas no cambiarán?
¿Cuáles cambiarán?

Glosario

estados de la materia los sólidos, los líquidos y los gases

gas materia que tiene masa y puede cambiar de forma y tamaño

líquido materia que ocupa espacio y tiene masa, pero no tiene forma propia

masa la cantidad de materia que tiene un objeto

mezcla algo formado por dos o más cosas que no cambian

propiedad algo acerca de un objeto que se puede observar con los sentidos

sólido materia que tiene masa y su propia forma y tamaño